M. J. Hummel®

Kleine Weisheiten des Glücks

ars edition

Der glücklichste Mensch ist derjenige,
der von der Natur die Verehrung lernt.

Ralph Waldo Emerson

Hummel

Wer glücklich ist, kann
glücklich machen; wer's tut,
vermehrt sein eigenes Glück.

Johann Wilhelm Ludwig Gleim

Viel Glück!
Hummel

Du hast in dir den Himmel
und die Erde.

Hildegard von Bingen

Hummel

Dein zugewogenes Glücksteil,
das ist dein froher Mut.

Adelbert von Chamisso

HAB SONNE IM HERZEN OB'S STÜRMT
ODER SCHNEIT, OB DER HIMMEL VOLL
WOLKEN, DIE ERDE VOLL STREIT!

Ungelogene Begeisterung ist die tiefste Lebenspoesie, die unmittelbarste, reellste Glückseligkeit, die es gibt.

Bogumil Goltz

Jedes Geschöpf ist mit einem anderen verbunden und jedes Wesen wird durch ein anderes gehalten.

Hildegard von Bingen

Eine Welt, wo so viel gelacht wird,
kann so schlecht nicht sein.

Friedrich Theodor Vischer

„Der Mutter Liebste"

Wie jauchzet meine Seele
und singet in sich!
Kaum dass ich's verhehle,
so glücklich bin ich.

Joseph von Eichendorff

Viel Glück!
Hummel

Das Leben eines Menschen
ist ein von Gotteshand
geschriebenes Märchen.

Hans Christian Andersen

Hummel

Glück strahlt zurück wie
das Licht des Himmels.

Washington Irving

„Hans im Glück"
Hummel

Träume dir dein Leben schön
und mache aus diesen Träumen
eine Realität.

Marie Curie

Der ist beglückt, der
sein darf, was er ist.

Friedrich von Hagedorn

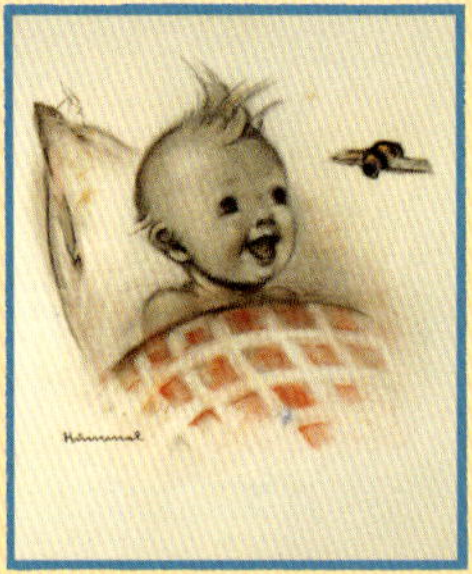

Heiteren Sinnes muss man sein,
zu was einen die Vorsehung
bestimmt hat.

Wolfgang Amadeus Mozart

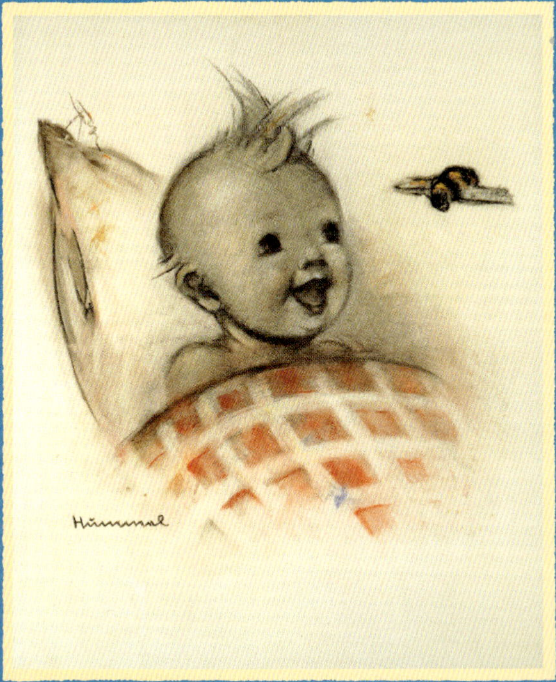
Hummel

Kein Bösewicht kann glücklich sein.

Juvenal

Hummel

Wenn man glücklich ist,
so gibt es noch viel zu tun:
das Trösten der anderen.

Jules Renard

Hummel

Es ist der Engel der Fröhlichkeit, der uns glückliche Stunden erleben lässt und uns zeigt, wie unbeschwert das Leben sein kann.

Klara Löwenstein

Hummel

Glück aber, welches es auch sei, gibt Luft, Licht und freie Bewegung.

Friedrich Nietzsche

Glück ist die Erfüllung
von Kinderwünschen.

Sigmund Freud

Hummel

Die Welt besteht aus lauter Gelegenheiten zur Liebe.

Søren Kierkegaard

Wir haben Fröhlichkeit nötig und Glück, Hoffnung und Liebe.

Vincent van Gogh

Wer an das Glück glaubt,
der hat Glück.

Friedrich Hebbel

B Hummel

Das ist's, warum sich's leben lässt trotz alledem auf Erden: Die ganze Welt ist nur ein Nest, doch jedes Nest kann eine Welt dir werden.

Paul Heyse

Dido Nitz
Ich will Freude machen!
Eine schicksalhafte Frauenkarriere
224 S., Leinenband im Schuber
€ 29,95 (D) ISBN 978-3-7607-2964-0

M. I. Hummel – die Biografie

Erstmals wird die bewegende Lebensgeschichte dieser außergewöhnlichen Frau in ihrer ganzen Vielschichtigkeit aufgezeigt: Maria Innocentia Hummel – hin- und hergerissen zwischen Glauben und Kunst und zwischen Kunst und Kommerz, zwischen ihrer eigenen Welt und einem Umfeld, das das dunkelste Kapitel der deutschen Historie darstellt, ein Umfeld, das sie nur kurze Zeit überlebte.

Diese einmalige Biografie ist Erfolgsstory, Tragödie und Zeitzeugnis zugleich. Emotional und packend – die Geschichte der Künstlerin, die hinter dem weltberühmten Signet »M.I. Hummel« steht – in vielen Zeitdokumenten und Facetten, wie es sie bisher noch nicht zu sehen oder zu lesen gab. Mit über 600 Abbildungen und umfassenden Textdokumenten (eine Vielzahl davon bisher unveröffentlicht).

Am 21. Mai 1909 als Berta Hummel geboren, hat Maria Innocentia Hummel, die »malende Klosterfrau«, ein bis heute andauerndes Erbe hinterlassen. Nahezu jeder kennt die Kinderpostkarten und die niedlichen Kinderfigürchen aus Porzellan mit dem weltberühmten Schriftzug »M.I. Hummel«.
Von Anfang an zeichnete und pinselte die quirlige kleine Berta auf jedes Blatt Papier. Mit 18 Jahren bewarb sie sich um einen der begehrten Studienplätze an der Staatsschule für Angewandte Kunst in München. Dort schien ihr eine brillante Laufbahn vorgezeichnet, die Welt stand ihr offen.
Doch dann entschied sie sich zu einem radikalen Schritt, der viele überraschte. Im Frühjahr 1931 trat sie ins Kloster ein und nahm den Namen Maria Innocentia an. Hier begann die beispiellose Erfolgsgeschichte der Hummel'schen Kinderbilder. Während ihre Bilder in Deutschland bald dem Veröffentlichungsverbot der Nazis unterworfen waren, traten die »Hummelkinder« in Amerika ihren Siegeszug an. Schnell wurde das Signet zur Marke.
Am 6. November 1946 verstarb Berta Maria Innocentia Hummel im Alter von nur 37 Jahren an Tuberkulose.

In einigen Fällen war es nicht möglich,
für den Abdruck der Texte die Rechteinhaber zu ermitteln.
Honoraransprüche der Autoren, Verlage und
ihrer Rechtsnachfolger bleiben gewahrt.

Ausstattung und Herstellung:
arsEdition, München
Printed by Tien Wah Press
ISBN 978-3-7607-2969-5

www.arsedition.de